MORT
DE
M. L'abbé MONTAGNÉ
Curé de N-D. du TAUR.
APPRÉCIATION
DE
LA PRESSE TOULOUSAINE

(PRIX 10 CENTIMES)

TOULOUSE
IMPRIMERIE DES ORPHELINS, JULES PAILHÈS
Rue des Filatiers, 36.
—
1875

MORT
DE
M. L'abbé MONTAGNÉ
Curé de N-D. du TAUR.
APPRÉCIATION
DE
LA PRESSE TOULOUSAINE

(PRIX 10 CENTIMES)

TOULOUSE
IMPRIMERIE DES ORPHELINS, JULES PAILHÈS
Rue des Filatiers, 36.
—
1875

MORT
DE
M. MONTAGNÉ
CURE DU TAUR.

La mort prématurée du vénérable M. Montagné curé du Taur a eu un douloureux retentissement dans notre ville de Toulouse. Nous croyons être agréable aux fidèles de notre ville en recueillant dans un opuscule les appréciations que cette mort a inspiré aux journaux les plus autorisés de la presse toulousaine :

L'abbé Montagné (Jacques) était né dans notre ville, sur la paroisse de la Dalbade, au quartier de Toùnis. Il fit ses classes à l'Esquille et une partie de ses études au Grand-Séminaire de Carcassonne. Il aimait trop son pays pour en être éloigné longtemps. L'Esquille le rappela comme professeur. Il fut chargé du cours d'histoire auquel il appliqua toute son intelligence. Son ordination de prêtrise remonte à l'année 1847.

Cette vigoureuse nature se sentait un peu à l'étroit dans la carrière de l'enseignement ; le ministère paroissial lui convenait mieux par le mouvement et la variété de ses fonctions. L'abbé Montagné manifesta le désir de s'y consacrer et fut nommé vicaire de la Daurade, à Toulouse, au mois de mai 1858.

Il y travailla, pendant cinq ou six années, au salut des âmes avec l'ardeur de son tempérament et de sa foi. Il était mûr pour être placé lui-même à la tête d'une paroissse ; celle de Portet (doyenné de Saint-Nicolas) lui fut confiée.

Il semblait devoir trouver dans ce poste tout ce dont son âme avait besoin : un champ digne de son zèle, quelques loisirs pour les sciences et pour les arts qu'il cultivait, des horizons larges comme son imagination, enfin les rives si chères de la Garonne, témoins de ses premiers jeux.

Cette poésie ne devait pas être de longue durée. Une plus lourde responsabilité attendait le jeune pasteur. Il fut chargé par Monseigneur l'archevêque de l'intéressante cure du Taur, laissé vaquante par la démission de M. l'abbé Pujol.

M. Montagné revoyait sa ville natale, c'était peut-être sa suprême ambition ; mais la joie de ce retour ne lui fit pas oublier ses nouvelles obligations.

Dans le discours même de son installation, le jour de la fête du Sacré-Cœur, 10 juillet 1870, il révéla sa résolution de restaurer, dans le style primitif, le temple dont il devenait le gardien.

Ce travail, digne de lui, devait être le dernier de son existence. On sait ce que, durant plus de quatre années, il y dépensa de préoccupations, de démarches, d'intelligence et de ressources. Peintures, vitraux, maître-autel, chaire à prêcher, statues, chemin de croix, orgues, il avait entrepris à la fois et menait tout de front avec une hardiesse surprenante pour ceux qui ne le connaissaient pas.

Ce grand ouvrage, il l'a conduit près du terme, mais il n'en a pas joui.

Une pneumonie à laquelle M. Montagné se trouvait exposé tous les hivers est survenue dans les premiers jours du Carême ; faible, pendant plusieurs semaines, elle a pris tout à coup un caractère alarmant. Le malade se sentit moins bien vendredi soir ; il mit ordre à ses affaires et se prépara aux derniers sacrements. L'extrême-Onction lui a été donnée pendant la nuit.

La Très-Sainte Vierge dont il orna la maison, a voulu l'appeler à Elle au matin du jour qui lui est consacré.

Ame généreuse, cœur noble et bon, foi profonde, esprit cultivé, parole nette et sympathique, humeur franche et enjouée, magnifique prestance, M. Montagné possédait tout ce qui peut faire estimer et aimer l'homme et le prêtre. Il laisse beaucoup d'amis et emporte d'universels regrets.

(Semaine Catholique)

Nous avons annoncé d'une façon fort succincte la mort de M. l'abbé Montagné, curé de Notre-Dame du Taur. Nous devons quelques lignes de plus à la mémoire de cet homme de bien, de ce prêtre aimé et vénéré de tous.

M. l'abbé Montagné était toulousain. Son père tenait un établissement de bains sur le quai de Tounis. De bonne heure, le jeune Montagné montra des dispositions pour l'état ecclésiastique. Il commença ses études au petit séminaire de l'Esquille et les termina au grand séminaire de Carcassonne. Cela fait, l'abbé Montagné revint à Toulouse où il fut ordonné prêtre (en 1847) après avoir, quelque temps, professé l'histoire au petit séminaire de cette ville.

Nommé vicaire de la Daurade, il appliqua au ministère paroissial toute son activité et toute son intelligence. La cure de Portet ne tarda pas à lui être confiée. Les habitants de cette paroisse ont conservé les meilleurs souvenirs de leur ancien curé, et il n'en est pas qui ne consacre une larme à sa mémoire bénie.

De la cure de Portet, M. l'abbé Montagné passa à celle de Notre Dame du Taur. C'est là que la mort est venue non le surprendre, mais le chercher. M. Montagné était doué d'une âme généreuse, d'un cœur noble et dévoué, d'une foi profonde. C'était une intelligence d'élite, qui se passionnait pour le beau et le bien. On lui doit la restauration, dans son style primitif, de l'église du Taur. Tout le monde connaissait à Toulouse ce prêtre avenant et affable, à la figure franche, à la magnifique prestance.

M. l'abbé Montagné n'avait pas un seul ennemi. Il sera

vivement regretté de tous ceux qui l'ont connu. Il a succombé aux atteintes d'une pneumonie, à l'âge de cinquante-trois ans. Inutile de dire que sa mort a été comme sa vie, celle d'un excellent prêtre.

(*Messager de Toulouse.*)

Nous avons le regret d'annoncer la mort de M. l'abbé Montagné curé du Taur. Ses paroissiens et ses amis ont vainement compté sur une robuste constitution, pour vaincre une maladie qui datait déjà de loin, et à laquelle il vient de succomber à l'âge de 53 ans.

M. Montagné avait d'abord occupé la chaire d'histoire au Petit Séminaire de l'Esquille, sous la direction du vénéré M. Izac. Plusieurs de ses confrères de Toulouse, MM. les curés de Saint-Etienne, de Saint-Sernin, de Saint-Nicolas, de Saint-Exupère, ont été formés à la même école. En quittant l'enseignement, le jeune professeur fut successivement nommmé vicaire à la Daurade, curé de Portet, et enfin curé de Notre-Dame du Taur.

Indépendamment de ses devoirs de pasteur, qu'il remplit toujours avec un zèle et un dévouement infatigables, M. l'abbé Montagné avait entrepris et mené presque à bonne fin une restauration complète et fort intelligente de l'eglise du Taur.

(*Gazette du Languedoc.*)

La mort vient de faire un grand vide dans les rangs du clergé toulousain. M. Montagné, curé de l'église N.-D. du Taur, a rendu sa belle âme à Dieu.

Né à Toulous en 1822, M. Montagné fit de solides études au petit séminaire de cette ville, où il devint professeur d'histoire, emploi qu'il remplit avec distinction pendant environ vingt ans. Il fut ensuite nommé successivement vicaire à l'église de la Daurade, puis curé à Portet. C'est là que Mgr l'archevêque alla le chercher, en 1870, pour le mettre à la tête de l'importante paroisse du Taur.

A peine en fonction, M. Montagné entrepit la restauration complète de cet antique édifice ; il y consacra tous ses soins en même temps que sa fortune personelle. C'est en dirigeant et en surveillant les importants travaux qu'il avait commandés que le digne prêtre prit le germe de la maladie qui vient de nous le ravir.

D'une bonté et d'une douceur à toute épreuve, charitable à l'exès, M. Montagné emporte les regrets, unanimes de ses paroissiens et de toutes les personnes qui ont eut le bonheur de l'approcher et d'apprécier cette nature d'élite.

L'union Méridionale.

www.ingramcontent.com/pod-product-compliance
Lightning Source LLC
Chambersburg PA
CBHW071431060426
42450CB00009BA/2127